Job

Nelly Pérez de Rivera

Ediciones Crecimiento Cristiano

Diseño de Tapa: Ruth Santacruz

© **Ediciones Crecimiento Cristiano**
Córdoba 419
5903 Villa Nueva, Cba.
Argentina
oficina@edicionescc.com
www.edicionescc.com

Ediciones Crecimiento Cristiano es una Asociación Civil
sin fines de lucro dedicada a la enseñanza del mensaje
evangélico por medio de la literatura.

Primera edición: 6/1999
Actualizada: 11/06

I.S.B.N. 950-9596-69-8

Impreso en los talleres de ECC, Villa Nueva

IMPRESO EN ARGENTINA

Introducción

El libro de Job aparece aislado entre los libros del Antiguo Testamento. Es parte del material sapiencial, pero por su forma y tema es único. Nadie sabe quién lo escribió, ni cuándo fue escrito. Es indudable, sin embargo, que su autor ha sido un gran poeta, que poseía un dominio extraordinario de la lengua hebrea, una gran experiencia de la vida y un pensamiento extremadamente audaz. Algunos indicios hacen pensar que la obra pasó por varias etapas antes de recibir su forma definitiva, hacia el siglo cinco antes de Cristo.

Desde el punto de vista literario, el libro de Job es una de las obras cumbres de la poesía universal.

La historia pertenece a los tiempos anteriores al sacerdocio y a la religión organizada o a una región en la que no se necesitaba de estas cosas.

El tema es tan antiguo como el hombre. "Si Dios es justo y bueno, ¿por qué deja sufrir al inocente?" (¿Por qué las víctimas inocentes de la guerra y el terrorismo? ¿Por qué el niño que muere de cáncer?)

El libro deja mucho sin resolver. Sólo en el Nuevo Testamento nos acercamos a una respuesta al problema. Sin embargo el libro de Job no ha pasado de moda.

El libro consta de las siguientes partes:

a) Prólogo (capítulos 1 y 2)

b) Debate de Job con sus tres amigos (tres series de discursos; capítulos 3 al 27)

c) Himno a la sabiduría (capítulo 28)

d) Defensa de Job (capítulos 29 al 31)

e) Discursos de Eliú (capítulos 32 al 37)

f) Discursos del Señor y respuestas de Job (capítulos 38.1-42.6)

g) Epílogo (capítulo 42.7-17)

Cómo utilizar este cuaderno

1 Prólogo

Job 1.1-5

1/ Según estos versículos, ¿qué sabemos acerca de Job?

La región de Uz se encontraba fuera del territorio de Israel, cerca de Edom (Lamentaciones 4.21)
El nombre Job significaba "un afligido"o "penitente".
El narrador no sitúa estas escenas en un momento preciso de la historia, dándoles así un valor más universal. La experiencia de Job es un drama humano que trasciende las fronteras de Israel.

2/ ¿Cómo podrías describir la vida de Job desde el punto de vista
a/ material?

b/ familiar?

c/ espiritual?

Al resaltar las cualidades morales y espirituales de Job el autor da a entender que aun fuera de Israel había personas que eran temerosas de Dios.

Job 1.6-12

En el v. 6 de este capítulo, en 2.1 y en 38.7 habla de "hijos de Dios". Algunas versiones traducen esta expresión como "servidores celestiales". Se designa así a los miembros de la corte divina, habitualmente llamados ángeles.

Satanás no es todavía aquí un nombre propio, es el "Acusador". Aun no tiene todas las características asignadas a Satanás en el Nuevo Testamento. No se lo presenta como un ser demoníaco, rebelde contra Dios, sino como un ser celestial que integra la corte del Señor y dialoga familiarmente con él, pero que trata de perjudicar a los seres humanos.

La palabra hebrea *satán*, de donde se ha formado como nombre propio Satanás, significa "adversario", "enemigo", "opositor". En el Antiguo Testamento se usa con frecuencia como un nombre común, no propio. En algunos casos, como en Job, puede tener un sentido judicial y designar a una especie de fiscal o acusador de oficio. Posteriormente, en el judaísmo , la figura de Satán adquiere un carácter ya bien definido: es el adversario de Dios que se opone a sus santos designios y el supremo enemigo del hombre, al que trata de mantener bajo la esclavitud del pecado. Tal es el concepto que se halla en el Nuevo Testamento.

3/ ¿Cómo lo ve Dios a Job?

4/ ¿Qué piensa el Acusador acerca de la conducta de Job?

5/ ¿Cómo reaccionó Dios frente al desafío del Acusador?

6/ ¿Por qué Dios cedió a Satanás?

Job 1.13-22

En estos versículos cambia el escenario.

7/ ¿Qué le sucede a Job?

8/ ¿Se merecía Job tantas calamidades? ¿Cuál es la verdadera causa de las mismas?

9/ ¿Qué actitud de Job hace decir al escritor que éste, a pesar de todo, no pecó ni dijo nada malo contra Dios? (v. 22)

Al comenzar el capítulo 2 continúa la escena en la corte celestial.

10/ ¿Cuáles son los dos argumentos del Acusador por los cuales él piensa que Job va a maldecir a Dios? (1.9-11 y 2.4 y 5)

11/ ¿Qué piensas de estos dos argumentos del Acusador? ¿Te parece que pueden tener vigencia en la actualidad?

12/ Intenta ponerte en el lugar de Job. Trata de describir los diferentes aspectos de su sufrimiento.

13/ ¿Qué enseñanza nos deja la reacción de Job ante la propuesta de su mujer?

Ninguno de nosotros está exento de sufrimientos. Frecuentemente, cuando debemos enfrentarlos, comenzamos a rebelarnos contra Dios.

14/ ¿De qué manera podemos prepararnos para reaccionar de manera similar a Job ante los sufrimientos?

2 Job se encuentra con sus amigos

Job 2.11-3.26

Aparecen en escena los amigos de Job. Provienen de tres regiones orientales. De estas tres regiones sólo Temán es bien conocida por otros textos (Jeremías 49.7; Ezequiel 25. 13; Amós 1.12; Abdías 9; Habacuc 3.3)

1/ Trata de describir la actitud de los amigos de Job cuando llegan a visitarlo.

Al finalizar el capítulo 2 termina el prólogo del libro escrito en prosa y se inserta la sección poética, formada por tres series de largos discursos de Job y sus amigos, luego el discurso de un personaje inesperado, Eliú, y finalmente de Dios mismo.

2/ Compara 2.10 con 3.1 y 2. ¿Qué cambio observas en la actitud de Job?

3/ ¿Cómo explicarías este cambio?

4/ ¿Qué cosas maldice Job en 3.1-19?

5/ Ver 1.11 y 2.5 .¿Ha logrado el Acusador lo que se había propuesto?

6/ ¿En qué se asemejan las palabras de Job y las palabras de Jeremías (Jeremías 20.14-18)

7/ ¿Qué le dirías a Job después de las palabras pronunciadas en el capítulo 3?

Primer discurso de Elifaz

Job 4 y 5

Elifaz toma la palabra . Por momentos hace reproches a Job, luego le aconseja, quiere hacerle "entrar en razón".

8/ ¿Cómo resumirías los siguientes párrafos del discurso de Elifaz?

a/4.3-6

b/4.7-11

c/4.12-21

d/5.1-7

e/5.8-16

9/ ¿En qué aspectos las palabras de Elifaz son acertadas?

10/ ¿En qué aspectos Elifaz está equivocado?

Job 6 y 7
Job reacciona ante los consejos de Elifaz.
11/ ¿Qué les reprocha Job a sus amigos?

En 6.15 Job subraya el abismo que separa al que sufre del que lo viene a consolar. Las palabras de consuelo a menudo son un disfraz:

---

el que consuela al afligido quiere disimular su propio desconcierto ante el dolor del otro y su incapacidad para darle un alivio eficaz. A partir de 7.7 Job se dirige a Dios.

12/ ¿Qué expresiones de Job nos muestran la profundidad de sus aflicciones y angustias?

El autor parece repetir con amarga ironía expresiones del Salmo 8. La solicitud de Dios por el hombre se convierte aquí en una exigente vigilancia. El autor del Salmo 139 veía en ello un motivo de confianza. Job, por su parte, se siente tratado como enemigo de Dios, que le observa. Debatiéndose contra una noción jurídica de la religión y del pecado, busca a tientas al Dios de la misericordia (v. 21)
(Nota de la Biblia de Jerusalén)

En realidad, las respuestas a los interrogantes de Job están contenidas en los capítulos 1.6-12 y 2.1-6, pero para él son desconocidas.

Para reflexionar

13/ ¿Qué opinas de la manera en que Elifaz acompaña a su amigo en el sufrimiento?

14/ ¿Cómo debemos acercarnos a alguien que sufre?

3 *Primer discurso de Bildad*

Job 8

Toma la palabra Bildad.

1/ ¿De qué manera le habla Bildad al sufriente Job?

2/ ¿Por qué crees que lo hace de esta manera?

La teología en que descansa la fe de Bildad tiene tres características igualmente erróneas:

a) **Teología de la retribución** (al igual que Elifaz): Dios no puede ser injusto, por lo tanto, Job o sus hijos tenían que haber pecado. Para Bildad no existe el sufrimiento no merecido, de manera que Dios responde con bendición a la rectitud y con castigo al pecado (8.2-4)

---

b) **Teología egocéntrica:** promueve una religión de obras y no de fe. (8.5-7)

c) **Teología tradicionalista:** Bildad cree ciegamente lo que creen sus antepasados (8.8-10).

3/ ¿Cuál fue la necesidad de Job en ese momento?

4/ ¿Por qué la exhortación de Bildad no respondió a las necesidades de Job?

5/ ¿Qué podríamos responderle hoy a Bildad a la luz de los siguientes pasajes del Nuevo Testamento?

a/ Juan 9.2 y 3

b/ Santiago 1.2; 1 Pedro 3.14, 17; 1 Pedro 4.19

c/ Hebreos 12.2 y 3

6/ ¿Qué implica ser amigo de alguien que está sufriendo?

Job 9 y 10

Job llega al punto más profundo de su depresión.

7/ ¿Cómo lo ve Job a Dios?

8/ ¿Cómo cree Job que Dios considera a los hombres? (9.20-24, 27-31; 10.2-17)

Job no comprende por qué sufre el inocente, y esa ignorancia, además de dejarlo indefenso frente a los reproches de sus amigos, le impide saber si valió la pena haber sido toda su vida un fiel servidor de Dios (1.1)

9/ ¿Qué necesidad expresa Job en 9.32-35?

10/ Compara estos versículos con 19.25-27; 1 Juan 2.1, 2 y 1 Timoteo 2.4-6. Si Job hubiera conocido a Jesucristo, ¿de qué manera él habría satisfecho su deseo?

11/ ¿Qué interpretación damos generalmente a nuestro propio sufrimiento o al sufrimiento ajeno? Sé sincero. Trata de recordar cuál es tu primera reacción.

12/ ¿Cómo debieran modificar, las verdades expresadas por el Nuevo Testamento, nuestra actitud hacia el sufrimiento propio o ajeno?

4 *Primer discurso de Zofar*

Job 11

Le toca el turno a Zofar. El, al igual que sus amigos, considera que el sufrimiento de Job es a causa de su pecado. Sin embargo, Zofar hace una nueva observación del caso.

1/ ¿Qué opina Zofar del sufrimiento de Job? (11.1-6)

2/ ¿Cómo calificarías la intervención de Zofar? ¿Oportuna, inoportuna, o...? ¿Por qué?

3/ Según Zofar, ¿qué tiene que hacer Job para dejar de sufrir? (11.13-16)

4/ ¿Qué relación tienen estos conceptos de Zofar con lo que el Acusador le atribuye a Job en 1.9?

Job 12-14

5/ ¿Cómo ve Job la actitud de sus amigos? (12.1-5; 13.1-12)

6/ ¿De qué manera, al aconsejar a otros, podemos caer en los mismos errores que los amigos de Job?

7/ ¿Qué expresiones de Job nos dan la pauta de que él tenía un conocimiento mucho más profundo de Dios que el que tenían sus amigos?

8/ ¿Cuáles son las dos cosas que Job le pide a Dios?
(13.20-24)

9/ ¿Cuál es, en resumen, el problema que Job tiene con Dios?

10/ ¿Qué concepción tiene Job acerca de la vida y de la muerte? (14.1-12)
a/   La vida   La muerte

b/ En resumen, el concepto de Job era:

La esperanza de una vida más allá de la muerte no aparece en Israel sino más tarde. (Comparar Salmo 6.5; 88.10-12; 115.16-17; Isaías 38.18)

La idea de una nueva vida con Dios aparece por ejemplo en

Salmo 16.10,11; Daniel 12.2, 3, 13. Esta certeza aparecerá claramente en el Nuevo Testamento (Mateo 13.43; 1 Corintios 15; Apocalipsis 21-22, etc.)

11/ Si Job hubiese conocido las promesas que nosotros conocemos acerca de la vida eterna, ¿crees que su forma de enfrentar el sufrimiento hubiese sido diferente? ¿Por qué?

Aquí concluye la primera ronda de discursos de los tres amigos de Job.

12/ ¿Cuáles consideras que son las razones por las cuales ninguno de los amigos supo entender a Job?

13/ Si te encontrases en una situación similar a la de los amigos de Job, en que debes consolar a alguien que sufre, ¿cuáles consideras que serían las actitudes más adecuadas?

5   *Segunda y tercera serie de discursos (Amigos de Job)*

Job 15; 18; 20; 22; 24.18-25; 25; 26.5-14; 27.13-23.

A continuación se dan la segunda y tercera ronda de discursos. Por turno, los amigos de Job, toman nuevamente la palabra. Los temas se repiten . Para analizarlos responde a las preguntas 1 a 6 teniendo en cuenta los pasajes que se presentan en el siguiente cuadro.

Los números que están en la columna de la izquierda corresponden al número de las preguntas, y las citas que están en las otras columnas serán los pasajes que deberás consultar para poder contestarlas. Los nombres que encabezan las columnas te indican quién pronunció esas palabras.

	Elifaz	Bildad	Zofar
(1)	15.1-6, 12-16; 22.4-11	18. 1-3	20.1-3
(2)	15.7-11, 17-19		20.3
(3)	15. 20-35; 22.15-20	18.5-21	20.4-29; 24.18-25 27.13-23
(4)	22.12-14	25.1-6 26.5-14	24.22-24

(5)   15.13-16   25.4-6
       22.1-3

(6)   22.21-30

1/ ¿Cuáles son las acusaciones que le hacen sus amigos a Job?

2/ ¿Cómo se ven a sí mismos los amigos de Job?

3/ ¿De qué manera describen la vida de los malvados?

4/ ¿Qué concepción tienen de Dios?

5/ ¿Qué concepción tienen del hombre?

6/ ¿Qué consejos le dan a Job?

7/ Trata de enunciar en qué aspectos de sus discursos están acertados (tener en cuenta los temas de las preguntas 1 a 6)

8/ Intenta enunciar, ahora, en qué aspectos te parecen equivocados (idem a la anterior)

9/ Estos hombres se esmeran en describir la vida de los malvados y la suerte que ellos corren. ¿Por qué te parece que lo hacen? ¿De qué quieren convencer a Job?

10/ ¿Por qué piensas que estos hombres tratan tan duramente a Job?

11/ Trata de recordar alguna oportunidad en que hayas sido duro e incomprensivo con alguna persona que sufría. Piensa a qué se debió. Compártelo con el grupo.

Job 15; 18; 20; 22; 24.18-25; 25; 26.5-14; 27.13-23.   27

6 Segunda y tercera serie de discursos (Job)

Job 16-17; 19; 21; 23.1-24.17; 26.1-4; 27.1-12; 29-31.

A continuación analizaremos las palabras de Job en la misma forma que lo hicimos con los discursos de los amigos. Por lo tanto, considera las citas que encuentres en el primer casillero y contesta la pregunta número 1. Continúa luego con el segundo casillero y segunda pregunta, y así sucesivamente.

(1)   16.1-5; 17.2-10; 19.1-5; 19.19-21; 21.1-3; 26.1-4.
(2)   17.3; 23.3-7; 19.23-27.
(3)   16.19-21.
(4)   17.1, 15, 16; 21.23-26.
(5)   21.7-34; 24.1-17.
(6)   29.1-17, 19-25; 30.24,25; 31.1, 5-40.
(7)   23.7, 10-12.
(8)   29.18-31.40.
(9)   21.1-3; 26.1-4.

1/ ¿Qué les reprocha Job a sus amigos?

2/ ¿De qué manera estos versículos nos muestran que Job aún sigue confiando en Dios?

3/ ¿ Qué necesidad expresa Job en estos versículos?

4/ ¿Qué esperanza manifiesta Job para después de la muerte?

5/ ¿De qué manera describe Job la realidad de la vida?

6/ ¿Qué recuerda Job de su vida anterior?

7/ ¿Cómo se ve a sí mismo delante de Dios?

8/ ¿Qué le resulta incomprensible?

9/ ¿Cómo ve Job la actuación de sus amigos?

10/ ¿En qué aspectos principales te parecen acertadas sus palabras?

11/ ¿En qué aspectos principales piensas que Job está equivocado y a qué se debe?

12/ ¿Qué le dirías a alguien que estuviese en una situación de crisis y expresara palabras similares a las de Job?

7 *Himno a la sabiduría*

Job 28

El estilo de este capítulo es sereno en contraste con la pasión de los discursos previos y posteriores.

Este "Himno a la Sabiduría" es una especie de intérvalo entre la discusión de Job con sus amigos y su defensa final (capítulos 29-31). Al poner tan en relieve el carácter inaccesible de la sabiduría, el poema nos prepara para la revelación de Dios en la última parte del libro.

1/ Busca en el diccionario las distintas acepciones de la palabra *sabiduría*.

Desde la más remota antigüedad la búsqueda de la sabiduría fue el tema central de los filósofos y pensadores.

2/ Según el poema de Job 28, ¿de qué manera trata el hombre de buscar la sabiduría?

La extracción de metales (plata, oro, hierro, cobre) de la tierra se ha practicado desde tiempos muy remotos. Sin duda la excavación de minas subterráneas era un avance técnico sorprendente para la época en que fue escrito este poema.

3/ Según nuestra sociedad actual, ¿en qué consiste la sabiduría?

4/ ¿De qué maneras intenta el hombre, actualmente, alcanzar la sabiduría?

5/ ¿En qué forma beneficia al hombre la sabiduría del mundo actual?

6/ ¿Es suficiente esta sabiduría para vivir la vida correctamente? ¿Por qué?

Job 28

7/ ¿Hasta qué punto los progresos tecnológicos y científicos acercan al hombre a la verdadera sabiduría?

8/ Según Job, ¿qué valor tiene la sabiduría?

9/ ¿Qué diferencias existen entre el concepto de sabiduría que nos propone la sociedad y el que nos presenta Job?

Por un lado Job nos muestra que la sabiduría es inalcanzable para el hombre: no puede encontrarla, no puede adquirirla, está oculta, ni siquiera se conoce su valor. Por otro lado nos muestra cuál es el camino para encontrarla. Este camino está a disposición de todos los hombres que deseen transitarlo, aun de los sencillos. No se necesita dinero, ni instrucción ni alguna habilidad especial.

En la Biblia hay un discurso semejante a este poema en Proverbios 8.

10/ ¿Cómo se describe allí a la sabiduría?

11/ ¿Por qué crees que al hombre le resulta tan difícil seguir el camino de la verdadera sabiduría? Ver también: Ecelsiastés 8.16,17; 1 Corintios 1.18-31; 2.1-5; 3.18; Santiago 3.13-18.

12/ ¿En qué sentido nuestro encuentro con Jesucristo es un encuentro con la sabiduría? Trata de dar ejemplos concretos.

8 *Discursos de Eliú*

Job 32-37.

Callan los tres amigos de Job y aparece en escena un nuevo personaje: Eliú. Esta intervención aparece de manera inesperada, cuando parecía que la discusión había llegado a su fin. Es curioso que el nombre de Eliú no aparece en el resto del libro. Esto hace pensar que quizá esta serie de discursos fueron agregados posteriormente.

A diferencia de los otros amigos de Job, el nombre de Eliú es israelita y significa "El es mi Dios" y ya se utilizaba en la época de los Jueces (1 Samuel 1.1; 1 Crónicas 12.21; 26.7; 27.18). Pertenecía a la tribu de Buz en el oriente (Jeremías 25.23)

1/ ¿Cómo lo vemos a Eliú y por qué está así?

2/ ¿Por qué decide intervenir Eliú?

3/ Según el primer discurso de Eliú, ¿de qué maneras nos habla Dios?

4/ ¿Con qué propósito nos habla Dios? (33.17, 18, 29-30)

5/ ¿Cómo juzga Eliú a Job en su segundo discurso?

6/ ¿En qué aspectos del tercer discurso coincides con Eliú y en qué aspectos disientes?

a/ Coincido con: **No coincido con:**

b/ ¿Por qué?

En su cuarto discurso Eliú insiste una vez más en que Dios utiliza el sufrimiento para disciplinarnos (Job 33.19). Este tema esbozado por Elifaz (5.17-27; 22.21-30) y por Zofar (11.13-19) ocupa un lugar

---

más destacado en los discursos de Eliú.

7/ Según Eliú, ¿qué nos hace comprender el sufrimiento? (36.8-21)

8/ Eliú afirma que ante el sufrimiento podemos reaccionar de dos maneras (36.11-14)
a/ ¿En qué consiste cada una?

b/ ¿Qué resultados trae cada una de estas formas de reaccionar?

9/ ¿Es correcto decir que Dios utiliza los sufrimientos para corregirnos? Explica (Ver también Hebreos 12.6,7; Job 2.3, 10b)

10/ ¿Es posible que el sufrimiento pueda tener otros propósitos? (Ver Santiago 1.2-4; 1 Pedro 1.7; 3.14,15; 4.12-16, 19; Colosenses 1.24)

11/ Trata de recordar algún sufrimiento que hayas experimentado. ¿Qué consecuencias trajo a tu vida? ¿Te abrió nuevas oportunidades? ¿Trajo beneficio a otras personas? ¿Te hizo crecer en algún aspecto de tu vida? Compártelo con el grupo.

9 *Discursos del Señor y respuesta de Job*

Job 38-42.6.

Tratemos de recordar sintéticamente lo visto hasta este momento.

Situación de Job hasta el capítulo 38
- Su riqueza se había esfumado.
- Sus hijos estaban muertos.
- Su salud estaba quebrantada.
- Su compañera había claudicado.
- Todos sus conocidos estaban lejos .
- El pequeño grupo de amigos lo habían malentendido.

Interrogante de Job.
"*Si Dios es justo, bueno y todopoderoso, ¿por qué permite que las personas inocentes sufran?*"

Respuestas de la religión ortodoxa.
- Elifaz, Bildad y Zofar: "El sufrimiento es el resultado del pecado y por eso Job debe arrepentirse".
- Eliú: "Dios utiliza el sufrimiento para disciplinar y corregir a su pueblo".

Continuemos ahora el estudio a partir del capítulo 38.

Dios interviene precisamente cuando Eliú ha terminado de enumerar las excelentes razones por las que Job no debe esperar respuesta.

Dios es todopoderoso y está muy por encima de la humanidad. Pero también está muy cerca. Escucha a los hombres y se preocupa por ellos. Job se había imaginado a sí mismo presentando su caso a Dios, haciéndole preguntas. Pero la imaginación no es la realidad. Es Dios, no Job, quien hace las preguntas ahora. Estas preguntas se hallan articuladas en dos discursos: el primero aparece en los capítulos 38.1- 40.2 y el segundo desde 40.7 a 41.34.

1/ ¿Desde dónde habla Dios a Job? (Ver otras situaciones similares en: Salmo 18.6-16; 50.3; Nahúm 1.3; Ezequiel 1.4; Éxodo 19.16)

2/ ¿Qué fenómenos naturales menciona Dios en su primer discurso?

3/ ¿Qué le quiere mostrar Dios a Job al apelar a la naturaleza y su creación?

4/ Leer 40.1-5. ¿Cómo responde Job a la pregunta que le hace Dios en los vv. 1 y 2.

En el primer discurso Dios se refiere a su grandeza como creador y gobernador del mundo natural. En el segundo discurso Dios insistirá en su superioridad.

5/ ¿Qué desafío le hace Dios a Job en 40.7-14?

6/ ¿Qué animales se describen en 40.15-24 y 41.1-34 y qué se dice de ellos?

Behemot: en hebreo, este nombre parece designar la "bestia" o "el bruto", pero también puede proceder del egipcio (*pehemú*: "el buey de las aguas"). Con este nombre se describe al hipopótamo, símbolo de la fuerza bruta.

Leviatán: con este nombre se hace referencia a un legendario monstruo marino, descrito a veces con los rasgos característicos del cocodrilo.

7/ ¿Qué quiere mostrarle Dios a Job al referirse a estos animales?

Job no recibe ninguna respuesta a sus interrogantes, sin embargo se siente satisfecho, tranquilo, como si , al fin, hubiese encontrado el sentido a todo lo que le está pasando.

8/ ¿Qué fue lo que produjo este cambio tan radical en Job?

9/ ¿Qué ha descubierto Job acerca de Dios?

10/ ¿Qué nueva opinión tiene Job de sí mismo?

11/ Teniendo en cuenta 42.6, ¿de qué se arrepiente Job? (Ver 38.2 y 42.3)

Job, que no tenía de Dios más que una idea comúnmente aceptada, ha captado su misterio y se inclina ante la Omnipotencia. Sus problemas sobre la justicia quedan sin solución. Pero ha comprendido que Dios no tiene por qué rendir cuentas y que su Sabiduría puede dar un sentido insospechado a realidades como el

---

Job 38-42.6. 43

sufrimiento y la muerte.

Dios se ha manifestado y Job ha empezado a vivir como quien ha sido liberado milagrosamente de su soledad . Lo que Job necesitaba, en realidad, no eran respuestas a sus interrogantes, más bien le faltaba ver a Dios.

12/ ¿Qué postura física adopta Job y por qué? (42.6)

13/ Si has tenido la experiencia de encontrarte con Dios, ¿qué consecuencias trajo este encuentro a tu forma de enfrentar la vida?

Sugerencia:

Se propone terminar este estudio sentados en el piso y repetir las palabras de Job 42.1-6 como una oración y afirmación de nuestra confianza en el Dios de todo poder y amor.

10 Epílogo

El libro de Job nos muestra, de una manera llamativa, lo limitados que son los horizontes humanos para lograr una explicación adecuada al problema del sufrimiento. Las preguntas de Job quedan sin contestar pero él se siente satisfecho. Ya no piensa que Dios lo defrauda. Puede confiar aunque no comprenda. Al contemplar y adorar a Dios, se ve a sí mismo, a Dios, y a sus problemas desde otra perspectiva. En todos sus discursos los amigos acusan a Job de irreverente, atrevido y de estar equivocado con respecto a Dios. Y ahora, al finalizar la historia, todo resulta a la inversa.

1/ ¿Cómo ve Dios a Job y a sus amigos? (42.7)

2/ ¿En qué consistió la verdad de Job y la mentira de sus amigos? (v.7)

3/ ¿Qué debe hacer Job por sus amigos? ¿Por qué?

4/ ¿Recuerdas por quiénes ofrecía holocaustos anteriormente? (capítulo 1) **¿Por qué lo hacía?**

Al hombre que hasta hace poco lo encontrábamos postrado y desesperado, lo vemos ahora, aunque aún enfermo y solitario, con una misión maravillosa: interceder por el pecado de otros. Este interceder por otros nos recuerda a otros grandes hombres del Antiguo Testamento: Abraham (Génesis 18.22-33; 20.7); Moisés (Éxodo 32.11 y siguientes.); Samuel (1 S 7.5; 12.19) ; Amós (Amós 7.2-6) ; y el Intercesor por excelencia (Isaías 53.12).

5/ ¿Has intercedido alguna vez por otra persona? Comenta tu experiencia.

Dios ha reprendido a Job por su reacción ante el sufrimiento, pero su integridad es indiscutible El buen nombre de Job está tan limpio como su conciencia. Los equivocados han sido los tres amigos. La búsqueda de la verdad de parte de Job fue honrada por Dios.

Los otros no permitieron que la verdad fuera mayor que su comprensión de la misma y, en consecuencia, se hicieron culpables de representar a Dios equivocadamente. Deben obtener el perdón de Job antes de que Dios los perdone.

6/ ¿En qué momento Dios restaura a Job? ¿Por qué no lo hizo antes? ¿Qué piensas?

7/ ¿En qué medida Dios restauró a Job?

Conclusión

8/ ¿Cómo debemos reaccionar ante situaciones críticas en que nuestra fe se ve exigida al máximo? (Ver también 1 Pedro 4.19)

9/ ¿Hasta qué punto la venida de Jesucristo nos ayuda a enfrentar el sufrimiento?

Oración

Señor, somos conscientes de que en esta vida vamos a pasar por muchas situaciones de sufrimiento, quizá no tan agudas como las de Job, pero seguramente en ellas nuestra fe será probada. Te pedimos sabiduría para poder confiar en ti, aun en situaciones límites.

Queremos que nuestra manera de vivirlas sea un ejemplo para los demás y un orgullo para ti. Por Jesucristo, nuestra esperanza, amén."

Yo sé que mi defensor vive, y que él será mi abogado aquí en la tierra. Y aunque la piel se me caiga a pedazos, yo, en persona veré a Dios.

Cómo utilizar este cuaderno

Estos cuadernos son guías de estudio, es decir, su propósito es guiarle a usted para que haga su propio estudio del tema o libro de la Biblia que desarrolla este material.

El cuaderno propone un diálogo. En él introducimos el tema, sugerimos cómo proceder con la investigación, comentamos, pero también preguntamos. Los espacios después de las preguntas son para que usted anote su respuesta a ellas.

Esperamos que, por medio del diálogo, le ayudemos a forjar su propia comprensión del tema. No de segunda mano, como cuando se escucha un sermón, sino como fruto de su propia lectura y investigación.

¿Cómo hacer el estudio?

1 - Antes de comenzar, ore. Pida ayuda a Dios que le hable y le dé comprensión durante su estudio.

2 - Se deben leer los pasajes bíblicos más de una vez y preguntarse: ¿Qué dice el autor? Aunque muchos utilizan la versión Reina-Valera de la Biblia, conviene tener otra versión o versiones disponibles para comparar los pasajes entre las dos. La "Versión popular" y la "Nueva versión internacional" le pueden ayudar a ver el pasaje con más claridad.

3 - Siga con la lectura de la lección. Responda lo mejor que pueda a las preguntas.

4 - Evite la tendencia de "apurarse para terminar". Es mejor avanzar lentamente, pensando, preguntando, aclarando.

En grupo

El estudio personal es de mucho valor pero se multiplican los beneficios si lo acompaña con el estudio en grupo. "Un grupo de

---

hasta 8 personas es lo ideal".

Pero, puede ser que por diferentes motivos el grupo esté formado por usted y una persona más, aun así, es mejor que estudiar solo.

En realidad, estos cuadernos han sido diseñados con ese motivo: estimular el estudio en células, en grupos pequeños. La manera de hacerlo es fácil:

1 - Usted hace en forma personal una de las lecciones del cuaderno. Aun cuando pueda haber cosas que no entienda bien, haga el mayor esfuerzo posible para completar la lección.

2 - Luego se reune con su grupo. En el grupo comparten entre todos las respuestas de cada pregunta. Puede ser que no tengan las mismas respuestas, pero comparando entre todos las van aclarando y corrigiendo.

Es durante este compartir semanal de una hora y media, este diálogo entre todos, donde se encuentra la verdadera riqueza y que nos provée esta forma de estudio.

3 - Evite salirse del tema. El tiempo es oro, y lo más importante es enfocar todo el esfuerzo del grupo en el tema de la lección. Luego, pueden dedicar tiempo para conocerse más y tener un rato social.

4 - Participe. Todos deben participar. La riqueza del trabajo en grupo es justamente eso.

5 - Escuche. Hay una tendencia de apurar nuestras propias opiniones sin permitir que el otro termine. Vamos a aprender de cada uno, aun de los que, según nuestra opinión, están equivocados.

6 - No domine la discusión. Puede ser que usted tenga todas las respuestas correctas, sin embargo es importante dar lugar a todos, y estimular a los tímidos a participar. No se trata de sobresalir, sino de compartir aprendiendo juntos.

Si en el grupo no hay una persona con experienca en coordinarlo, se puede encontrar ayuda para dirigir un grupo en:

1 - Nuestra página web, www.edicionescc.com. La sección "Capacitación" ofrece una explicación breve del método de estudio.

2 - En las últimas páginas de nuestro catálogo se ofrece también una orientación.

3 - El cuaderno titulado "Células y otros grupos pequeños" es un curso de capacitación para los que desean aprender cómo coordinar un grupo.

4 - Hay algunas guías que disponen de un cuaderno de sugerencias para el coordinador del grupo.

Finalmente diremos que las guias no contienen respuestas a las preguntas ya que el cuaderno es exactamente eso, "una guia", una ayuda para estimular su propio pensamiento, no un comentario ni un sermón. Le marcamos el camino, pero usted lo tiene que seguir.

Que el Señor lo acompañe en esta tarea y si necesita ayuda, comuníquese con nosotros. Estamos para servirle.

---

www.ingramcontent.com/pod-product-compliance
Lightning Source LLC
Chambersburg PA
CBHW060625030426
42337CB00018B/3193